Vente du Lundi 24 Mars 1873

SALLE N° 6

BELLE COLLECTION

D'OBJETS D'ART

ET DE CURIOSITÉ

DE LA CHINE & DU JAPON

OBJETS DE MONTRE

EXPOSITION PUBLIQUE : Le Dimanche 23 Mars 1873

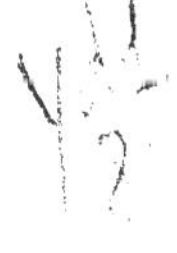

Mᵉ CHARLES PILLET | M CHARLES MANNHEIM,
COMMISSAIRE-PRISEUR, | EXPERT,
10, rue de la Grange-Batelière | 7, rue Saint-Georges.

CATALOGUE

D'UNE BELLE COLLECTION

D'OBJETS D'ART

ET DE CURIOSITÉ

DE LA CHINE ET DU JAPON

BRONZES NIELLÉS D'ARGENT ;

MATIÈRES PRÉCIEUSES ; ÉMAUX CLOISONNÉS ; PORCELAINES :

POTERIES ; ARMURES ; ÉTOFFES ;

SÉRIE INTÉRESSANTE D'OBJETS DE MONTRE.

DONT LA VENTE AURA LIEU

HOTEL DROUOT, SALLE N° 6

Le Lundi 24 Mars 1873

A DEUX HEURES PRÉCISES.

Par le ministère de Me **CHARLES PILLET**, Commissaire-Priseur,
10, rue de la Grange-Batelière.

Assisté de M. **Charles MANNHEIM**, expert, 7, rue Saint-Georges,

Chez lesquels se trouve le présent Catalogue.

EXPOSITION PUBLIQUE : *Le Dimanche 23 Mars 1873*
DE UNE HEURE A CINQ HEURES.

CONDITIONS DE LA VENTE

Elle sera faite au comptant.

Les adjudicataires payeront *cinq pour cent*, en sus des enchères.

L'exposition mettant le public à même de se rendre compte de l'état des objets, il ne sera admis aucune réclamation une fois l'adjudication prononcée.

Paris. — Typ. PILLET fils aîné, rue des Gr.-Augustins, 5.

DÉSIGNATION DES OBJETS

EMAUX CLOISONNÉS
DE LA CHINE

1 — Deux beaux vases en forme de balustre, en émail
cloisonné de la Chine; la panse est décorée de fleurs
émaillées en couleurs diverses sur fond noir, et le col
est orné d'arabesques émaillées bleu sur fond blanc.

2 — Deux vases en forme de balustre à deux anses et à
large ouverture, en émail cloisonné de la Chine, décorés de paysages et d'animaux en couleurs sur fond bleu
turquoise.

3 — Deux jolies jardinières de forme sphérique surbaissée, décorées de fleurs, d'oiseaux et d'ornements émaillés en couleurs sur fond bleu turquoise.

4 — Vase forme bouteille, décoré de dragons rouges et
de nuages bleus se détachant sur un fond bleu.

5 — Deux vases en forme de balustre, décorés d'arbustes,
de fleurs et d'oiseaux émaillés en couleurs sur fond
bleu turquoise.

6 — Deux doubles vases de forme carrée, ornés de plaques
d'émail cloisonné, à fleurs et animaux sur fond bleu
turquoise. Ils sont reliés par des oiseaux à têtes fantastiques reposant sur des chimères, le tout en bronze
doré et émail.

7 — Brûle-parfums de forme oblongue à couvercle en
émail cloisonné de la Chine, à fleurs et insectes sur
fond bleu. Il est supporté par deux figurines d'Indiens
debout en bronze.

8 — Deux vases en forme de gourde, décorés de fruits et
de feuillages sur fond bleu foncé et médaillons rappor-
tés portant des caractères émaillés rouge sur fond doré.
Ils sont garnis d'anses simulant des rubans en bronze
doré et reposent sur des socles émaillés à gouttelettes.

9 — Vase en forme de balustre à couvercle, décoré de
fleurs et de fruits émaillés en couleurs sur fond gros
bleu. Anses à dragons et pieds formés de têtes d'éléphants en bronze doré.

10 — Deux jolis éléphants couchés en bronze doré et émail
cloisonné, supportant des petits vases en forme de
gourde dans lesquels sont placés des groupes d'armes
simulées en bronze doré.

11 — Brûle-parfums à quatre lobes à deux anses en S et
à couvercle, décoré d'animaux et d'oiseaux sur fond
bleu turquoise et reposant sur quatre pieds cintrés
émaillés.

12 — Deux grands flambeaux à pieds et plateaux à six lobes, décorés de médaillons, de fleurs et de dragons bleu foncé sur fond bleu turquoise.

13 — Deux lanternes carrées sur pieds à balustre et enrichies de galeries découpées à jour, le tout en émail cloisonné à fleurs sur fond bleu turquoise.

14 — Brasero de forme ronde en émail cloisonné de la Chine, à fleurs arabesques et ornements sur fond bleu turquoise et reposant sur trois pieds cintrés à têtes chimériques en bronze doré.

15 — Deux vases en forme de rouleau, décorés d'ornements émaillés en couleurs sur fond bleu turquoise et à palmettes décorées d'ornements bleus sur fond blanc.

16 — Brûle-parfums de forme rectangulaire à arêtes saillantes et à deux anses surélevées, décoré de fleurs arabesques sur fond bleu turquoise. Il repose sur quatre pieds à têtes chimériques en bronze doré.

17 — Deux petites jardinières rectangulaires en cuivre rouge repoussé et doré et émaillé à gouttelettes.

18 — Deux brûle-parfums de forme sphérique et à lobes reposant sur des pieds élevés. Ils sont décorés d'ornements variés sur fond bleu turquoise.

19 — Deux petits cornets carrés à panse renflée, décorés
d'ornements variés sur fond bleu turquoise et à arêtes
saillantes et découpées en bronze doré.

20 — Deux brûle-parfums à panse sphérique, à couvercle,
à deux anses surélevées et à trois pieds droits, en émail
cloisonné de la Chine, à ornements variés sur fond
bleu turquoise.

21 — Vase très-curieux, à panse sphérique décorée de
fleurs sur fond bleu turquoise et à col droit orné de
longues feuilles émaillées vert sur fond doré. Anses à
têtes fantastiques et anneaux mouvants en bronze
doré.

22 — Deux flambeaux formés d'oiseaux debout émaillés
blanc posés dans des plateaux ronds au centre desquels
sont des tortues, le tout émaillé en couleurs.

23 — Brûle-parfums de forme sphérique, reposant sur
trois pieds bas et à deux anses en S surélevées en
émail cloisonné à fleurs arabesques sur fond bleu
turquoise. Couvercle en cuivre doré repercé à jour.

24 — Deux petits brûle-parfums, formés chacun d'une
caille debout émaillée rouge et blanc.

25 — Deux petits vases en forme de balustre, décorés
de fleurs et d'insectes sur fond noir.

26 — Deux petits flambeaux de forme carrée à plateaux et tiges droites, décorés de fleurs et d'ornements variés sur fond bleu turquoise.

27 — Brûle-parfums de forme oblongue, décoré d'oiseaux sur fond bleu turquoise et à couvercle émaillé et repercé à jour.

28 — Deux boîtes de forme lenticulaire à fleurs et fruits sur fond bleu turquoise et médaillon de fleurs sur fond blanc.

29 — Jardinière de forme évasée reposant sur trois pieds bas et à deux anses en bronze, décorée de fleurs sur fond bleu turquoise.

30 — Deux bols décorés de fleurs et d'ornements sur fond blanc.

31 — Deux très-petits brûle-parfums, décorés de fleurs et d'arabesques sur fond bleu turquoise.

32 — Deux petits plateaux sur piédouches bas, décorés d'ornements sur fond bleu. Ils offrent au centre un médaillon portant des caractères en relief en cuivre doré.

33 — Deux boîtes en forme de fruit, décorées de figures de singes et d'arbustes sur fond bleu turquoise.

34 — Petite bouteille décorée de fleurs arabesques émaillées en couleurs sur fond bleu turquoise.

35 — Deux coupes rondes décorées de fleurs sur fond bleu lapis.

36 — Très-petit brûle-parfums à couvercle décoré de fleurs arabesques sur fond bleu turquoise. Il est garni de deux anses dragons en bronze doré.

37 — Boîte ovale décorée de poissons et de fleurs émaillés en couleurs sur fond bleu turquoise.

38 — Deux boîtes rondes décorées de sauterelles et de fleurs sur fond bleu turquoise.

39 — Très-petite bouteille à côtes, décorée de fleurs arabesques et d'ornements en couleurs sur fond bleu clair.

40 — Deux petites boîtes rondes décorées de fleurs et ornements. L'une est de forme aplatie et l'autre de forme lenticulaire.

BRONZES DU JAPON

41 — Deux vases de forme ovoïde, à couvercle surmonté d'une chimère assise et à deux anses à dragons. Bronze japonais niellé d'argent à chimères ailées et dragons.

42 — Deux vases à panse droite sur pied profilé et surmonté de larges plateaux en bronze niellé d'argent et à anses à dragons.

43 — Animal chimérique debout en bronze incrusté d'argent et reposant sur un socle oblong découpé, en bronze niellé d'argent.

44 — Deux vases en forme de cornet hexagone à panse renflée en bronze niellé d'argent et à anses papillons.

45 — Deux brûle-parfums de forme oblongue, ornés de bas-reliefs à dragons et à couvercle surmonté d'un animal fantastique couché.

46 — Figure de mendiant debout sur un rocher en bronze.

47 — Deux petits vases à larges plateaux, décorés de figures en relief et niellés d'argent et à anses branches de fleurs.

48 — Deux flambeaux formés chacun d'un dragon se jouant dans les flots.

49 — Flambeau formé d'une belle branche de lotus.

50 — Autre flambeau formé d'une figure de chimère debout, tenant une branche de fleur. Modèle rare.

51 — Flambeau formé d'une tige entourée d'un dragon et reposant sur un plateau rond à trois pieds.

52 — Deux petits vases en forme de balustre, ornés de dragons en relief. Bronze japonais.

53 — Brûle parfums formé d'un cerf couché en bronze.

54 — Trois pièces : crabe en bronze et deux règles presse-papier niellées d'argent.

MATIÈRES PRÉCIEUSES

55 — Jade vert. — Boîte de forme lenticulaire à dragons et fleurs gravés en relief.

56 — Jade verdâtre. — Cornet de forme élancée et losangée, entouré de dragons en ronde bosse pris dans la masse.

57 — Jade vert. — Brûle-parfums de forme ronde à couvercle à fleurs gravées en relief et repercées à jour et à deux anses branches de fleurs prises dans la masse.

58 — Agate orientale. — Coupe plissée à deux anses prises dans la masse, et plateau ovale uni.

59 — Jade vert. — Boîte de forme lenticulaire décorée de fleurs arabesques en relief.

60 — Jade vert de belle nuance. — Vase en forme de cornet, à panse renflée et entourée de dragons en relief pris dans la masse.

61 — Jade vert. — Boîte de forme lenticulaire à côtes et à médaillon offrant un dragon gravé en relief.

62 — Agate orientale. — Coupe ronde à deux anses prises dans la masse et un plateau de forme ovale.

63 — Jade vert. — Plateau rond à bord festonné, gravé à fleurs arabesques.

64 — Jade blanc. — Plateau en forme de feuille de lotus.

65 — Jade vert. — Deux soucoupes taillées à côtes.

66 — Agate orientale. — Coupe à bec à trois pointes pris dans la masse. Pièce curieuse.

67 — Jade vert. — Vase en forme de balustre aplati à deux anses prises dans la masse et à fleurs gravées en relief.

68 — Agate orientale. — Petite coupe ovale allongée.

69 — Jade vert. — Petit vase en forme de balustre, à fleurs gravées en relief.

SCULPTURES SUR IVOIRE

70-77 — Treize jolis groupes en ivoire sculpté représentant des figurines d'hommes, de femmes et d'enfants. Ils seront vendus par deux ou séparément.

ARMES JAPONAISES

78-79 — Deux belles armures composées chacune d'un casque, d'une cuirasse, de deux brassards, de cuissards, etc., en laque, fer et étoffe. Elles seront vendues séparément.

PORCELAINES DE LA CHINE

80 — Grand vase en forme de bouteille en porcelaine de Chine, gaufrée à fleurs et palmettes, et émaillé bleu empois.

81 — Deux beaux vases de forme carrée en ancienne porcelaine de Chine, offrant sur chacune de leurs faces des figures et des attributs en relief et décorés en émaux de la famille verte. Qualité rare.

82 — Deux vases en forme de rouleau, en porcelaine de Chine, fond bleu fouetté et décors d'or.

83 — Vase en forme de balustre à deux anses, en porcelaine de Chine, fond jaune à fleurs gravées et émaillées en couleurs et frise d'entre-deux à fleurs arabesques émaillées bleu sur fond vert.

84 — Deux vases de forme carrée, en ancienne porcelaine de Chine, décorés de figures dans des paysages en émaux de couleurs.

85 — Vase en forme de bouteille en céladon bleu turquoise craquelé.

86 — Deux vases de forme ovoïde en ancienne porcelaine de Chine, décorés de chevaux marins se jouant dans les flots.

87 — Vase en forme de bouteille en porcelaine de Chine, décoré de branches de pêchers en camaïeu bleu sur fond blanc.

88 — Vase en forme de balustre, en céladon bleu turquoise craquelé.

89 — Vase en forme de balustre renversé et à ouverture étroite, en porcelaine de Chine craquelée bleu empois et à dragons réservés en blanc et gravés.

90 — Vase en forme de bouteille à deux anses en céladon vert d'eau gaufré à fleurs et palmettes.

91 — Vase en forme de balustre renversé et à ouverture étroite, en céladon bleu turquoise.

92 — Chimère assise, en porcelaine de Chine, émaillée vert, rouge, rose et or.

93 — Vase de forme ovoïde en céladon bleu turquoise et à décor d'oiseaux et de figures en camaïeu bleu foncé de style persan.

94 — Deux cache-pots de forme cylindrique à décor de paysages, gaufrés et émaillés bleu et jaune clair.

95 — Deux petits vases carrés en céladon bleu turquoise.

96 — Plateau en forme de fruit en porcelaine flambée de la Chine.

97 — Petit vase en ancienne porcelaine de Chine, décoré de figures de femmes dans un paysage en émaux de la famille verte.

98 — Porte-allumettes de forme carrée en céladon bleu turquoise.

99 — Petit brûle-parfums de forme surbaissée sur trois pieds bas, en porcelaine de Chine, émaillé rouge-haricot.

100 — Porte-allumettes en céladon bleu turquoise à bambous découpés à jour.

101 — Petit vase en forme de balustre lobé en céladon bleu turquoise.

POTERIES DU JAPON

102 — Deux vases en forme de gourde en poterie de Satzuma, décorés de fleurs et d'oiseaux en couleurs et or.

103 — Figure de jeune garçon debout, vêtu d'un riche costume décoré de fleurs. Ses cheveux sont rouges.

104 — Deux vases en forme de balustre à deux anses, têtes chimériques et anneaux. Ils sont décorés de fleurs émaillées en couleurs et or.

105 — Brûle-parfums à trois pieds et à deux anses de même décor. Le couvercle est surmonté d'une chimère.

106 — Deux vases en porcelaine d'Imary, décorés de fleurs.

107 — Deux vases de forme ovoïde et à gorge, décorés de fleurs en couleurs et or.

108 — Deux porte-bouquets de forme carrée sur pieds découpés, en poterie de Satzuma, décorés de fleurs en or et couleurs.

109 — Buire à anse, en poterie de Satzuma, décorée de fleurs.

110 — Coupe couverte à deux anses, décorée de fleurs et d'oiseaux en couleur et or.

111 — Deux pièces décorées de fleurs : Coupe ronde et droite et bol à décor intérieur et extérieur.

112 — Deux petites buires à une anse bambou en poterie de Satzuma, décorées de fleurs.

113 — Deux boîtes en forme de fruit, décorées de branches de fleurs en couleurs et or.

114 — Coupe ronde à couvercle décorée de fleurs et d'ornements en or et en couleurs.

115 — Deux tasses avec couvercles et soucoupes, décorées de fleurs.

116 — Deux petits vases forme lancelle, décorés d'oiseaux et de fleurs.

117 — Deux petites jardinières rondes reposant sur trois pieds bas et décorées de fleurs et d'ornements.

118 — Deux pièces : Bol et porte-allumettes, décorés d'ornements variés et de fleurs.

ÉTOFFES

119-130 — Vingt-quatre morceaux d'étoffes de soie brodés à fleurs, oiseaux, etc., pour écrans et coussins. Ce lot sera divisé.

131-136 — Cinq morceaux de satin, à fleurs et ornements, brodés en soies de couleurs et or sur fond noir. Travail japonais.